AF392803

PÉTITION

A LA CONVENTION NATIONALE,

Par la citoyenne veuve Vandenyver.

CITOYENS LÉGISLATEURS,

En vous présentant, il y a deux mois, un projet de décret relatif aux établissemens dans lesquels étoient intéressés des individus dont les biens avoient été confisqués au profit de la République, vos trois comités de commerce, de législation et des finances vous développoient, avec énergie, la nécessité de réparer promptement les profondes blessures faites à notre commerce depuis quinze mois, et le besoin pressant de lui redonner une activité qui n'avoit malheureusement été que trop suspendue.

Ils vous disoient « que pour mieux entrer
» à cet égard dans vos vues bienfaisantes,
» ils avoient pensé qu'il falloit éviter, dans
» le plan qu'ils mettoient sous vos yeux, la
» la longueur et l'embarras des formes ad-
» ministratives ; que la rapidité des formes
» commerciales qui simplifioient et abré-

A

» geoient tout, leur avoit paru préférable,
» et qu'ils croyoient que l'intérêt même de
» la nation lui commandoit d'agir, ainsi
» que des commerçans qui auroient perdu
» un de leurs associés (1) ».

Ils vous faisoient sentir aussi le grand
avantage qu'il y auroit pour la nation,
» de transiger promptement avec les asso-
» ciés à des conditions équitables, d'après
» des évaluations par arbitres, et par des
» formes extrémement rapides (2) ».

Enfin ils présentoient à votre sensibilité
» un genre d'associés qu'on devoit traiter,
» vous disoient-ils, avec la même justice
» et avec plus d'humanité encore que les
» associés ordinaires ; c'étoient les veuves
» et les enfans des individus condamnés (3) ».

Citoyens législateurs, c'est à ce dernier
titre, toujours si touchant, et à la faveur
de ces principes si sages de vos comités,
et qui sont les vôtres, que la citoyenne
Vandenyver vient vous demander aujour-
d'hui votre justice et votre secours.

____

(1) Rapport de Johannot, page 2.
(2) Page 3.
(3) Page 3.

Veuve avant le temps marqué par la nature, séparée pour jamais de tout ce qui pouvoit l'attacher à la vie, privée à la fois et le même jour de son mari et de ses enfans, et condamnée à une douleur qui ne peut plus avoir de terme, elle n'auroit plus aujourd'hui aucun vœu à former pour elle-même ; mais l'intérêt de petits-enfans qui lui restent d'une fille qu'elle avoit déjà perdue il y a quelques années, lui a fait sentir qu'elle étoit mère encore, et elle a désiré pour eux de profiter du bienfait de votre généreuse loi du 17 *frimaire*, et de recommencer, s'il étoit possible, un établissement auquel les longs travaux et la probité sévère de son mari avoient donné quelque renommée.

Dans cet objet, la citoyenne Vandenyver s'est empressée d'exécuter toutes les dispositions de la loi.

Elle a présenté au département, dans le délai qu'elle prescrivoit, tous les actes de société de sa maison, et tous ses registres de commerce (1).

____

(1. Art. I, et le deuxieme de la loi du 17 frimaire.

Elle a fait sa déclaration qu'elle consentoit à se charger pour son compte de la masse de l'actif et du passif, et d'entretenir aux conditions portées par la loi son établissement en activité (1).

Elle a nommé aussi ses arbitres (2).

Déjà même ces arbitres ont commencé, avec ceux que le département a nommés pour l'intérét de la nation, à procéder à la liquidation de la maison commerciale (3).

Mais au moment des premiers travaux de cette liquidation, une pensée qui se rallioit, citoyens législateurs, à la sagesse de vos vues et qui rentroit dans le plan de vos comités, s'est présentée à l'esprit de la citoyenne Vandenyver.

Elle a réfléchi que si dans le même temps où l'on s'occuperoit de cette liquidation générale de la maison commerciale de Vandenyver, les mêmes arbitres pouvoient s'occuper aussi de la liquidation particulière de la succession du feu citoyen Vandenyver,

----

(1) Art. 4.
(2) Art. 5.
(3) Art. 6.

ancien chef de cette maison, qui ne pré-
sentoit pas plus de difficultés, et dont la
forme étoit aussi simple , l'intérêt de la
nation y gagneroit peut-être , par l'accélé-
lération d'une suite d'opérations dans les-
quelles elle a une part déterminée , et
qu'une activité plus prompte pourroit aussi
par ce moyen être donnée à un établissement que l'intention bien prononcée de
la loi est de voir revivre.

La veuve Vandenyver a donc proposé
cette idée aux arbitres.

Elle leur a demandé d'examiner si la lettre
des dispositions de la loi du 17 *frimaire*
leur permettoit de mêler au travail de la
liquidation générale dont ils étoient chargés celui d'une liquidation particulière ,
qui se concilioit si évidemment avec son
esprit.

Les arbitres se sont en effet livrés à cet
examen.

Mais ils ont pensé que quoique la liquidation particulière qui leur étoit proposée
par la citoyenne Vandenyver ne fût pas
étrangère à l'intention de la loi du 17 *frimaire*, cette même loi bornoit cependant
leur mission, et ne leur laissoit pas la fa-

culté de s'occuper d'un travail qui ne faisoit pas identiquement partie de celui qu'elle avoit prescrit.

Ils se sont donc contentés de donner acte a la citoyenne Vandenyver dans leur procès-verbal de la réclamation qu'elle leur avoit adressée, et l'ont renvoyée à se pourvoir à cet égard *devant les autorités compétentes pour y prononcer.*

Certes, il n'y a pas d'autorité plus compétente en ce genre que celle de la Convention elle-même.

C'est donc aussi à l'autorité de la Convention, qui d'un seul mot peut résoudre un doute ou faire cesser une difficulté, que la veuve Vandenyver a recours.

Sa réclamation, au reste, est bien simple.

Elle tend à réunir deux opérations de la même nature et qui peuvent se faire simultanément, à abréger en les réunissant le temps qu'il faudroit nécessairement donner à l'une et à l'autre si on les séparoit, et à faire le bien du commerce, en faisant aussi, pour ainsi dire, celui de la nation elle-même.

Quel est, en effet, ici le grand intérêt

de la nation, en envisageant même la nation sous deux points de vue, c'est-à-dire,
la nation revendiquant la portion qui lui
appartient dans une succession confisquée
à son profit, et la nation occupée de revi-
vifier l'industrie et de guérir les plaies
du commerce?

Cet intérêt, c'est de faciliter aux sociétaires d'un établissement, dont quelques
parties ont été frappées de confiscation,
les ressources nécessaires pour recréer cet
établissement, et de lui rendre l'activité
qu'il avoit perdue, sans nuire aux droits
que la nation peut avoir sur la masse de
fonds par lesquels cet établissement étoit
soutenu.

Or, le plus sûr moyen pour atteindre ce
double but, c'est de liquider tout-à-la-fois
et par un seul acte, et la situation des éta-
blissemens de ce commerce, et la succession même des commerçans.

Par-là, en effet, la nation apperçoit d'un
coup-d'œil la véritable quotité de la portion
qui lui appartient dans la succession confisquée.

Cette portion est déterminée dans un in-
tervalle beaucoup plus court.

On n'a pas à choisir des liquidateurs dif-férens.

Ces liquidateurs n'ont pas à se livrer à des travaux d'une autre nature que ceux qui leur sont confiés.

Les mêmes arbitres qui ont déjà dé-pouillé les livres, parcouru les registres, examiné les actes de société, compulsé, en un mot, tous les papiers de commerce, peuvent appliquer aux liquidations des deux genres, qui, toutes les deux, ont la même origine et le même objet, les con-noissances qu'ils ont retirées de leurs tra-vaux même.

Une somme de temps considérable est ainsi épargnée aux dépositaires des intérêts de la nation et peut retourner au profit de la chose publique.

La nation ne peut donc rien perdre, comme on voit, à cette réunion d'opéra-tions si analogues par leur nature, et y gagne au contraire de connoître plutôt ses droits et de pouvoir en jouir plus rapidement.

D'un autre côté, les sociétaires des éta-blissemens de commerce y trouvent eux-mêmes l'avantage de connoître aussi plutôt leurs ressources, et de pouvoir en faire plutôt usage.

Ils se dégagent en moins de temps des difficultés ou des entraves qui les environnent, et qui sont toujours les obstacles du commerce quand elles n'en sont pas l'inquiétude.

Ils rentrent plutôt dans la portion de propriété qui est jugée leur appartenir.

Ils rentrent également plutôt dans l'exercice des droits ou des facultés qui naissent pour eux, de cette propriété même.

Ils peuvent recommencer aussi leurs spéculations ou leurs entreprises avec plus de célérité.

En un mot, ils y gagnent d'être éclairés tout-à-la-fois sur tous les objets dépendans des travaux auxquels ils peuvent avoir l'intention de se livrer, et sur toutes les parties de la fortune qui leur reste encore.

Ici, par exemple, si les arbitres qui procèdent, en exécution de la loi du 17 *frimaire*, à la liquidation de la maison commerciale des feus Vandenyver, se bornoient à liquider la situation de cette maison de commerce. Il resteroit encore à connoître et à exercer les droits de la nation dans la succession de feu Vandenyve, père, qui avoit été originairement le chef de cette maison, mais qui n'en étoit plus, au moment de son décès, que l'associé commanditaire.

La liquidation particulière de cette succession, qui cependant a des relations nécessaires avec la maison commerciale, exigeroit alors un travail particulier et différent.

Si c'étoient de nouveaux arbitres qui se livrassent à ce travail, il faudroit qu'ils commençassent par acquérir toutes les connoissances que les premiers se seroient eux-mêmes procurées, par l'examen de tous les papiers et le dépouillement des registres ; et on sent quelle dépense énorme de temps ce besoin, pour des hommes nouveaux, de s'instruire à fond des détails de l'opération dont ils seroient chargés, entraîneroit nécessairement.

Si c'étoient les mêmes, il faudroit qu'ils

examinassent de nouveau, eux-mêmes, tous les papiers sur lesquels ils auroient porté une première fois leurs regards, et qu'ils revinssent, par conséquent, sur toutes les traces qu'ils auroient déjà parcourues, ou sur tous les résultats qu'ils auroient fixés.

L'exercice des droits de la nation se trouveroit ainsi retardé, son intérêt particulier compromis par ce retard même, et ses grandes vues d'intérêt public sur-tout trompées ou sans influence.

La veuve Vandenyver elle-même, incertaine sur ses réclamations ou sur ses reprises, sans lumière sur ses ressources, n'appercevant que des obstacles à ses côtés ou au-devant d'elle, se trouveroit arrêtée dans ses résolutions, ne pourroit former aucun projet fixe, et ne sauroit surtout, sur l'activité a redonner à son établissement de commerce, quelle opinion choisir, ou à quel parti se déterminer.

Si, au contraire, on liquide tout-à-lafois, et par un seul acte, et la maison commerciale Vandenyver et la succession de feu Vandenyver père, tout est alors à découvert : la nation voit sur-le-champ ce qui lui revient ; la veuve Vandenyver aussi. L'exercice de leurs droits respectifs commence bien plutôt pour l'une et pour l'autre, et rien n'empêche que la veuve Vandenyver, éclairée alors sur les siens, et pressée par sa sollicitude maternelle, ne rattache son nom et ses soins assidus à ces nombreuses et importantes relations qui avoient ouvert, à son mari et à ses enfans, des communications dans toute l'Europe, et leur en avoient concilié l'estime.

C'est là, au reste, citoyens législateurs, l'esprit de la loi du 17 *frimaire*.

C'est l'intention bien manifestée de vos trois comités, c'est la vôtre.

Vous avez pensé, avec vos comités, que le moment étoit venu de s'empresser de réparer les maux innombrables que la France entière, et surtout le commerce, avoient éprouvés pendant quinze mois.

Vous avez cru qu'un des moyens de rappeler l'industrie, qui, dans ces temps affreux d'ignorance et de *terrorisme*, s'étoit caché ou s'étoit éteinte, étoit de liquider les établissemens de commerce, frappés en partie de confiscation, par des formes extrêmement rapides.

Vous avez jugé également que les formes les plus rapides qu'on pût employer dans ce genre d'opérations, qui, pour être justes, ont besoin sur-tout d'être promptes, étoient les formes commerciales, parce qu'elles simplifioient et abrégeoient tout, et vous avez en conséquence préféré ces formes.

La veuve Vandenyver rentre donc elle-même dans vos principes, en vous proposant ici de *simplifier* et d'*abréger* la liquidation, où la nation et elle sont intéressées.

Elle seconde vos vues généreuses.

Elle vous donne un moyen de plus d'imprimer un mouvement plus accéléré encore au commerce.

Elle sert avec vous l'intérêt public.

Et si elle ajoute à ces considérations déjà si puissantes, qu'en sa malheureuse qualité de *veuve* et de *mère d'individus condamnés*, elle a le droit d'attendre de vous autant *de justice* , *et plus d'humanité* encore que des associés ordinaires , et qu'ainsi elle peut espérer que vous accueillerez sa réclamation avec plus d'empressement aussi et plus de faveur , elle n'aura fait que rappeler l'opinion même qu'un sentiment touchant a inspirée à vos comités , et répéter leur propre langage.

Ce 14 pluviôse , l'an 3 de la République française une et indivisible.

Veuve VANDENYVER.

De l'Imprimerie de DUPONT, rue Helvétius, n°. 679.